PRECEPTOS PARA VARONES

Serie: La Familia Bajo Ataque

"Construyendo Nuestra Torre Fuerte"

Rosaura Eunice Gaitán de Swanson

SALMOS 1:1-3

Bienaventurado el varón que no anduvo en consejo de malos, ni estuvo en camino de pecadores, ni en silla de escarnecedores se ha sentado; sino que en la ley de Jehová está su delicia, y en su ley medita de día y de noche. Será como árbol plantado junto a corrientes de aguas, que da su fruto en su tiempo, y su hoja no cae; y todo lo que hace, prosperará.

Derechos de Autor © 2015 por
Rosaura Eunice Gaitán de Swanson
Primera Edición, 2015
ISBN- 13: 978-0-9947367-5-8
ISBN- 10: 0994736754

DEDICACIÓN

Dedico este libro a mis amados padres, quienes ahora son unos venerables ancianos, llenos del amor de Dios y que siguen unidos en su vejez, a pesar de los fuertes temblores que sacudieron la torre de su hogar.

Ahora, ellos viven para contar el testimonio de lo que Dios hizo en sus vidas, y cómo la familia fue restaurada. También viven para bendecir a sus hijos, quienes han traído mucha alegría a ellos, los honran y rodean de amor y cuidados.

A mis amados padres, que son el ejemplo vivo, que "con Dios", una familia vive en una "Torre Fuerte" y las tormentas, no pueden destruir los cimientos de la Palabra de Dios; que son las herramientas e instrucciones que el Autor de la familia ha dejado, para las familias.
También dedico este libro, a aquellas familias que están luchando por mantener de "pie su Torre", y que en ocasiones pierden la fe y la esperanza de lograrlo. O para aquellas que su Torre, se ha derrumbado. Mi mensaje para ellos es:
¡Ánimo, adelante, desbaraten lo que han construido con cimientos falsos y vuelvan a reconstruir con los Verdaderos Cimientos!

Rosaura Eunice

TABLA DE CONTENIDO

PREFACIO

En noches pasadas, meditando sobre los niños y jóvenes, vino a mi mente: "nuestra generación está sufriendo mucha presión, niños y jóvenes en situaciones extremas, se están suicidando, están sufriendo violencia, abuso y abandono". ¿Qué está pasando? Mi primera pregunta fue: ¿Quienes tienen la responsabilidad de ellos en primera instancia? Por su puesto, vino a mi mente la palabra: "padres". Entonces, tenía niños, jóvenes, padres; y de repente todo fue muy obvio antes mis ojos: **"LA FAMILIA ESTÁ BAJO ATAQUE"**; es un ataque directo al diseño, al modelo que Dios instituyó en la tierra para la familia.

A continuación vamos a analizar según la Palabra de Dios, que son esos ataques y porque se están dando; también estudiaremos las funciones o roles de cada uno de los miembros de la familia. Contaré algunas historias prácticas, que ilustrarán mejor y les ayudarán a entender los fundamentos y valores sobre los cuales deben fundar su familia. Compartiré consejos basados en experiencias personales, los cuales es mi deseo sean de gran utilidad a cada uno de ustedes, y los puedan aplicar en las situaciones que están viviendo.

Cuando terminaba este estudio sobre la familia tuve un sueño: Soñé que me habían invitado a comer a una casa, yo estaba con unos niños, al principio no quería aceptar la invitación, pues pensaba que no estaba vestida adecuadamente. Cuando llegamos al lugar, esa casa era una gran torre, entramos y una familia se encontraba viviendo allí. Comenzamos a hablar, y de pronto todo comenzó a temblar, un terremoto empezó a sacudir la torre, algunos pisos se hundían y paredes se agrietaban, pero una voz, me dijo: "Todo estará bien, no teman". Luego me vi con la misma familia, pero en otra parte de la torre, esta vez habían seres espirituales de maldad, dentro de la torre, comencé a reprenderlos y sacarlos fuera, ellos retrocedían y salían a otra habitación de la torre, pero no salían de ella, entonces le dije a toda la familia: "Todos unidos ordenémosle a estos seres de maldad salir de la torre", toda **la familia unida** comenzó a hacerlo, y estos seres salieron de inmediato. La torre donde vivía esta familia, estaba compuesta de columnas fuertes, esto son los fundamentos, los cimientos, sobre los cuales Dios quiere que edifiquemos nuestras familias.

A través del estudio de la Palabra de Dios y de sencillas preguntas, quiero que hagas un autoanálisis sobre ti, tu rol y tu familia. No quiero enjuiciarte; mi deseo sincero es ayudarte, y traer una voz de aliento, a la luz de la Biblia, para ver el Camino a seguir y como construir tu "Torre segura y estable"

Comencemos con estas preguntas: ¿Qué fundamentos sostienen tu familia? ¿Son lo suficientemente firmes para resistir cualquier ataque? ¿Cómo está la unidad en tu familia? ¿Están ayudándose mutuamente, están enfrentando a los enemigos unidos? Solo tú conoces las respuestas. Mi deseo con este manual, es recordarte las **herramientas que Dios te ha dejado**, para construir tu **TORRE FUERTE.**

Rosaura Eunice Gaitán de Swanson

1. ATAQUE A LA COMPOSICIÓN DE LA PAREJA EN EL MATRIMONIO:

"Varón y Hembra": única composición del Matrimonio

Génesis 1:27. Y creó Dios al hombre a su imagen, a imagen de Dios lo creó; varón y hembra los creó.

28. Y los bendijo Dios, y les dijo: Fructificad y multiplicaos; llenad la tierra, y sojuzgadla, y

señoread en los peces del mar, en las aves de los cielos, y en todas las bestias que se mueven sobre la tierra.

El significado de Génesis es orígenes, comienzos y fue aquí en este libro, donde Dios estableció el inicio de la familia y especificó **la composición de la pareja en el matrimonio, en una familia:** *varón* **y** *hembra*. **Dos seres humanos de diferente sexo. No hay lugar a otra combinación. Dios lo hablo muy preciso, hombre y mujer,** y dio instrucciones específicas a esta primera pareja que puso sobre la tierra. Al hombre le dio autoridad especial para gobernar. Dios tenía un plan perfecto para esa primer pareja o primer familia sobre la tierra. Toda otra composición en el matrimonio, está fuera de la voluntad de Dios, está fuera de la misma naturaleza de nuestros cuerpos; y trae consecuencias graves aquí en la tierra y también eternas. Se están desarrollando enfermedades mortales, por ir en contra de esta orden de Dios. A continuación leerán lo que Dios dice y advierte acerca de esto:

Romanos 1:26-32: ... pues aun sus mujeres cambiaron el uso natural por el que es contra naturaleza,

1:27 y de igual modo también los hombres, dejando el uso natural de la mujer, se encendieron en su lascivia unos con otros, cometiendo hechos vergonzosos hombres con hombres, y recibiendo en sí mismos la retribución debida a su extravío.

Y como ellos no aprobaron tener en cuenta a Dios, Dios los entregó a una mente reprobada, para hacer cosas que no convienen; estando atestados de toda injusticia, fornicación, perversidad, avaricia, maldad; llenos de envidia, homicidios, contiendas, engaños y malignidades; murmuradores, detractores, aborrecedores de Dios, injuriosos, soberbios, altivos, inventores de males, desobedientes a los padres, necios, desleales, sin afecto natural, implacables, sin misericordia; quienes habiendo entendido el juicio de Dios, que los que practican tales cosas son dignos de muerte, no sólo las hacen, sino que también se complacen con los que las practican.

Creo que los anteriores versículos no necesitan ninguna explicación, solo quiero resaltar algo, no solamente, los que practican tales cosas, sino los que se complacen o avalan y permiten estas aberraciones, como es el caso de los países donde se está autorizando el matrimonio de parejas homosexuales. Dios dice, que aun los que se complacen, ellos también están bajo condenación de muerte. **Aquí se refiere a la muerte eterna, a la eterna separación de Dios, al juicio de Dios sobre ellos; tanto los que las practican, como los que se complacen o les parece normal**, diciendo que es un "derecho de libertad". Pero la Palabra de Dios es muy precisa, y bajo ninguna condición Dios acepta otra composición en el matrimonio.

2. ATAQUE A LA PRIVACIDAD Y DESARROLLO DE LA FAMILIA:

Génesis 2:24: Por tanto, dejará el hombre a su padre y a su madre, y se unirá a su mujer, y serán una sola carne.

Este es un mandato de Dios. El dejar implica, un desligarse, para que se dé algo nuevo, una nueva familia; aunque en ningún momento será un abandono de los padres. Los padres debemos honrarlos, amarlos, visitarlos. Pero ahora es el comienzo de una nueva etapa, ese hombre y esa mujer unidos, constituyen una nueva unidad llamada familia. El ataque a esta privacidad familiar se da, cuando no se obedece el principio de dejar y de ser uno solo, como esposo y esposa.

Hay cónyuges que todavía quieren seguir viviendo en las casas paternas, o aunque salen de sus casas, todavía los padres son la voz principal para ellos, y tienen a sus parejas en segundo plano; por lo tanto no puede lograr la privacidad con su pareja, ni una verdadera unidad. Pues hay más de dos personas, conformando esa pareja, y llegar a un crecimiento y desarrollo sano, será difícil o mejor dicho una imposible tarea; pues muchas son las voces que toman mando en esa familia. Esto no quiere decir que en algún momento podemos tomar consejo sabio de los familiares. Pero siempre la voz principal debe ser la de Dios y luego buscar el acuerdo con mi pareja.

Para guardar la privacidad y desarrollo de la familia, se debe seguir este principio dado en la Palabra: "dejar y unirme", éste es el inicio de una nueva familia, dejar y unirse a otro, es pertenecer a ese otro, el ser "uno" con otro.

La familia necesita la privacidad, su espacio para hablar, compartir, hacer sus propias decisiones y normas del hogar. Las mujeres nos gusta decorar a nuestro gusto, pero si compartimos el espacio con otras personas o mejor con otra familia, difícilmente podremos ponernos de acuerdo en cuanto a los gustos en la decoración. Y eso sería, lo más simple, pues otros verdaderos conflictos se comienzan a presentar, cuando una pareja de recién casados, está viviendo, en alguno de los hogares paternos. Todos querrán opinar acerca de la nueva familia, y para ser más claro, todos estarán listos a criticar.

Sabemos también la importancia de la privacidad en la intimidad de la pareja, y más cuando están de "luna de miel". Pero dudo mucho que se logre una bonita y espontánea intimidad con tantos ojos y oídos alrededor.

Y qué decir, cuando vengan los hijos; los abuelos, los tíos, las tías, todos querrán dar sus "opiniones", e intervenir en la crianza de los hijos. Las normas que los padres quieran ponerles, tal vez no sean bien vistas. Por todo lo anterior, me pregunto: **¿Podrá desarrollarse y crecer sanamente una familia en estas condiciones?**

3. **ATAQUE Al PACTO: (A la unidad, confianza, pureza e intimidad)**

Éxodo 20: 14. No cometerás adulterio.

1 Timoteo 3:2: Pero es necesario que el obispo sea irreprensible, MARIDO DE UNA SOLA MUJER, sobrio, prudente, decoroso, hospedador, apto para enseñar;

Efesios 5:31-32: Por esto dejará el hombre a su padre y a su madre, y se unirá a su mujer, y los dos serán una sola carne. Grande es este misterio; mas yo digo esto respecto de Cristo y de la iglesia.

El ser uno delante de Dios, una "sola carne", es un misterio. Pero vemos que la unión de un hombre y una mujer es tan sagrada a los ojos de Dios, que se compara con la unión entre Cristo y la Iglesia.

Definición: "El ser «una sola carne» involucra más que el acto sexual en el matrimonio. En verdad, ese acto matrimonial es el símbolo o la culminación de una unión más completa, de una entrega total a la otra persona. En consecuencia, si la unión completa no es una realidad, las relaciones sexuales pierden su sentido.

Otra definición del matrimonio que me gusta mucho es: El matrimonio es una entrega sin reservas, y un compartir profundo de la persona, en todo su ser, con su cónyuge, hasta la muerte. **El propósito de Dios es, que cuando dos personas se casan deben compartir todo: sus cuerpos, sus posesiones, sus percepciones, sus ideas, sus habilidades, sus problemas, sus éxitos, sus sufrimientos, sus fracasos, etcétera.**

El esposo y la esposa son un equipo y lo que cada uno hace, **debe ser por amor a la otra persona**, o al menos no debe ser en detrimento del otro. Cada uno debe preocuparse tanto por las necesidades de la otra persona, como por las propias (Ef. 5.28; Pr. 31.12, 27).

Los esposos ya no son dos, sino una carne, y este concepto de una carne debe manifestarse en maneras prácticas, tangibles y demostrables. Dios no desea que sea sólo un concepto abstracto o una teoría idealista, sino una realidad concreta. La intimidad total y la profunda unidad son parte del plan de Dios para un buen matrimonio; sin embargo, no significan una total uniformidad e igualdad. Mi cuerpo se compone de muchas partes diferentes. Mis manos no hacen la tarea de mis pies y mi corazón no hace el trabajo de mi hígado. Hay gran diversidad de miembros en mi cuerpo y sin embargo mantienen la unidad. Las partes de mi cuerpo se ven distintas y actúan de una manera diferente, pero cuando funcionan normalmente, cada parte trabaja para el beneficio de las demás, o a lo menos, una parte no trata deliberadamente de herir a las otras.

Del mismo modo, el marido y la mujer pueden ser muy diferentes en algunos aspectos, pero no deben permitir que esas diferencias obstaculicen su unidad, porque el propósito de Dios para el matrimonio es la unidad total.

Sin embargo, tú y yo sabemos que la total unidad no se logra fácilmente, ya que **el obstáculo básico para el logro de la unidad, es nuestra pecaminosidad**. En Génesis 2.25, inmediatamente después de que Dios dijera que el marido y la mujer serían una sola carne, la Escritura dice: "Y estaban ambos desnudos, Adán y su mujer, y no se avergonzaban".

Después que pecaron leemos, que "fueron abiertos los ojos de ambos, y conocieron que estaban desnudos; entonces cosieron hojas de higuera y se hicieron delantales". En cuanto entró en escena el pecado comenzaron a cubrirse.

Ese intento de cubrirse ciertamente era evidencia de que estaban conscientes de su pecado ante Dios. Inmediatamente y neciamente procuraron esconder su pecado de Dios. Y más aún, al cubrirse simbolizaban su esfuerzo por esconderse el uno del otro. Cuando entró el pecado, la transparencia y la unidad total que disfrutaban fueron destruidas.

Del mismo modo, como el pecado entró y estorbó la unidad de Adán y Eva, así nuestro pecado sigue siendo la gran barrera que entorpece la unidad matrimonial en el día de hoy. A veces la unidad matrimonial es destruida por el pecado del egoísmo, otras por el pecado del orgullo. En ocasiones esa unidad es quebrada por el pecado de amargura, o la ingratitud, la terquedad, el vocabulario hiriente, el abandono, la impaciencia, la aspereza o la crueldad. Fue el pecado lo que destruyó la unidad total de Adán y Eva, y es el pecado el que destruye la unidad de los esposos hoy día". (Esta explicación acerca de ser una sola carne, fue tomada del libro Fortaleciendo el matrimonio, por Wayne Mack).

También quiero recordarles, que las palabras: "yo, mío, mis", tienen que cambian por: "nosotros y nuestros". El egocentrismo no tiene lugar en el matrimonio, la independencia e individualidad, es un enemigo de la unidad.

Continuando sobre el ataque al pacto, hablaremos del adulterio. **El adulterio en un matrimonio, socava directamente al pacto de fidelidad,** que se prometieron los esposos delante de Dios y de los testigos. Este ataque tiene definitivamente como fin debilitar, destruir la unidad, intimidad y la confianza en la pareja. Infringe gran dolor, ira, sentimiento de inferioridad, vergüenza, desconfianza, deseos de venganza, y otra consecuencia fatal: dividir a la pareja (el divorcio). Cuando hay hijos de por medio, por supuesto, esto será aún más doloroso y con funestas consecuencias. Solo Dios podrá sanar y reparar todo el daño que conlleva el adulterio y un divorcio. **Pero nada es imposible para Dios.**

Después de un adulterio, debe haber un arrepentimiento genuino por parte del que lo cometió, y un verdadero perdón, de la pareja que fue ofendida, herida y burlada. Esto conlleva a todo un proceso de restauración familiar, que requiere de tiempo, paciencia, sanar heridas, ganar nuevamente la confianza, establecer normas y a veces se necesita de terapia familiar.

La palabra adulterio va más allá de lo que pensamos, Jesus dijo: **Mateo 5:28: Pero yo os digo que cualquiera que MIRA A UNA MUJER para codiciarla, ya adulteró con ella en su corazón. Y esto también se aplica a las mujeres, al codiciar otros hombres.**

Esta Palabra acerca de cuidar la forma como miramos es fuerte y radical, pero Dios sabe porque lo dice. Y esto corrobora más la santidad del matrimonio. Los hombres y aún las mujeres están en frente de una radical decisión: "guardar su pacto de fidelidad, aún con sus ojos".

Es un ataque muy fuerte a la pureza y fidelidad en el matrimonio que enfrentan en esta época las familias, pues por todo lado hay tentación (la televisión, internet, revistas, las vestimentas inapropiadas que exhiben cuerpos, etc.) *Pero todo aquel, que ha decidido ser fiel y guardar el pacto, Dios, por su Espíritu, le dará la templanza necesaria para salir victorioso.*

Gálatas 5:22-23 Mas el fruto del Espíritu es amor, gozo, paz, paciencia, benignidad, bondad, fe, mansedumbre, TEMPLANZA; contra tales cosas no hay ley.

Judas 1:24. Y a aquel que es poderoso para guardaros sin caída, y presentaros sin mancha delante de su gloria con gran alegría,...

4. ATAQUE AL ORDEN Y RESPETO DE LA AUTORIDAD:

En una familia, Dios y su Palabra deben ser la principal Autoridad, Jesucristo es la Cabeza del varón y el varón la cabeza de la esposa. **1 Corintios 11:3: Pero quiero que sepáis que Cristo es la CABEZA de todo varón, y el varón es la CABEZA de la mujer, y Dios la CABEZA de Cristo.**

El termino cabeza es señal de autoridad. Primero observamos el orden: Dios Padre, Cristo, hombre, mujer. Este orden lamentablemente, no se da en la mayoría de las familias. Unos no reconocen a Dios, ni como Creador y mucho menos, le dan el lugar principal en sus familias. Esta es la puerta principal por la cual son atacadas las familias: **Cuando no se invita a Dios y no se le da el lugar que le corresponde en nuestros corazones primeramente y luego en nuestra familia.** Esta es una gran puerta abierta, por donde entran todo de tipo enemigos, para minar y destruir un hogar. **Cuando Dios y su Palabra no son el fundamento sólido de una casa, esa familia está fundamentada en la arena y no en la Roca. Por lo tanto cuando vengan fuertes vientos, no tendrá el soporte necesario para estar en pie.** Mateo 7:24-27. No está cimentada en la Torre Fuerte, que es Dios y los fundamentos: su Palabra.

Una vez el esposo y la esposa decidan darle su corazón, su voluntad a Dios, y por ende, el lugar en su familia, comienzan a tener el principal fundamento, y la guía de cómo debe funcionar la familia. No serán familias disfuncionales, que es otro de los problemas de nuestra sociedad. Los integrantes de la familia podrán acceder al manual de instrucciones para saber los roles de cada miembro y cómo funcionar en pos de la armonía, crecimiento, bienestar y la unidad familiar.

Reconocer, respetar a Dios y practicar sus mandamientos, concernientes a la vida familiar, es el primer y gran paso que asegura una verdadera estabilidad en el hogar. Estos son los fundamentos para construir esa "Torre Fuerte" que debe ser cada hogar, cada familia, y cada miembro estará protegido, y se desarrollará sanamente y productivamente, según los planes de Dios, para cada uno.

4.1. El Hombre Cabeza De La Mujer:

Para entender mejor esta frase, debemos mirar que es una cabeza. La cabeza es la parte del cuerpo donde se encuentra el cerebro y otros sentidos que rigen el resto del cuerpo: la vista, el olfato, el tacto, la audición, el gusto. La cabeza envía ondas cerebrales y dirige funciones al resto del cuerpo. Podemos decir la cabeza es el líder en el cuerpo; entonces ahora podremos decir: el hombre en la familia, es el líder de la mujer, el líder de sus hijos.

Qué lugar tan especial ocupa el hombre en una familia, y también que gran responsabilidad. Dios puso al hombre como cabeza, como líder de la familia, *él es responsable delante de Dios por ella.*

En el huerto del Edén, después de que Eva fue engañada y que Adán cayó en transgresión, por desobedecer y dudar de lo que Dios había ordenado, vemos ¿a quién llama Dios primero?

> **Génesis 3:8. Y oyeron la voz de Jehová Dios que se paseaba en el huerto, al aire del día; y el hombre y su mujer se escondieron de la presencia de Jehová Dios entre los árboles del huerto.**
>
> **9. Mas Jehová Dios llamó al hombre, y le dijo: ¿Dónde estás tú?**
>
> **10. Y él respondió: Oí tu voz en el huerto, y tuve miedo, porque estaba desnudo; y me escondí.**

Estaban el hombre y su mujer juntos, Dios sabía lo que había pasado; Eva fue la primera en caer en tentación, **pero Dios llamó a Adán, al hombre, al líder.** Dios sabe exactamente lo que hace al poner orden en una familia, al colocar un líder, en este caso al hombre. Para muchas mujeres esto les parece como discriminación o subvaloración. Pero no, esto es simplemente parte del orden que rige todas las cosas. Vemos que todo en el universo, tiene un eje, unas leyes, un principio, un líder, si esto no existiera, no habría universo, no habría orden, todo sería una gran confusión. Se imaginan en un cuerpo humano, donde cada órgano o sistema fuera autónomo. Es difícil y hasta gracioso imaginar esto, cada miembro del cuerpo haciendo lo que quiere, nunca se llegaría a un objetivo.

Cuando Dios diseño al hombre, lo hizo con esta capacidad y con esta responsabilidad de liderar. El hombre y la mujer, siendo de la misma raza, vemos que tienen diferente forma de razonar, de sentir, de ver las cosas. Se dice que el hombre piensa con la cabeza, con la razón, y la mujer con los sentimientos, con el corazón. No queriendo decir, que uno sea más inteligente que el otro. SIMPLEMENTE DIOS NOS HIZO DIFERENTES, pero *complementarios.* Eso es básicamente lo que forma la unidad: Yo tengo lo que el otro necesita y el otro tiene lo que yo necesito; pero alguien debe encausar y dirigir, para tener orden, cumplir los propósitos y alcanzar las metas trazadas. Después hablaremos del importante papel de la mujer como ayuda idónea. Estudiaremos el significado preciso de estas dos palabras: ¨ayudad idónea¨

4.2. ¿Qué pasa cuando el hombre no es cabeza? ¿Qué pasa cuando la cabeza deja de ejercer sus funciones en el cuerpo?

En términos médicos, cuando el cerebro que es el principal órgano de la cabeza, no funciona, se dice que el paciente esta grave, en peligro de muerte, está en estado de coma. Bueno, **cuando un marido, no ejerce su función de cabeza**, podríamos decir que **el matrimonio está en peligro, es vulnerable y expuesto al fracaso.**

El hombre debe entender su papel de liderazgo en la familia *y asumirlo con sabiduría, responsabilidad y equilibrio*, sin llegar a extremos; para hacer esto, indiscutiblemente, debe estar bajo la autoridad de Cristo, que Cristo sea su Cabeza, así él podrá ejercer sabiamente con la ayuda de Dios y su Palabra, el liderazgo que Dios le entrego en la familia.

Dios le delegó al hombre esta gran responsabilidad y también le dejó las herramientas, y le promete la ayuda necesaria para llevar a cabo con éxito su misión de líder en la familia.

4.3. Cuando La Mujer Usurpa El Lugar Del Esposo:

Cuando esto sucede, la familia está en contra del orden divino, o mejor dicho, la mujer está transgrediendo el orden de Dios. La mujer toma el lugar de cabeza, cuando tiene un espíritu de manipulación, control o dominio y rebelión; y *abiertamente o sutilmente, usurpa el lugar del esposo*. Tal vez, este fue el ejemplo que la mujer tuvo en su hogar paterno; su madre era la cabeza, o tal vez fue herida por hombres o autoridades, y en respuesta a esto, *no quiere sujetarse, y no respeta* la autoridad de su esposo, por temor a ser herida nuevamente, o puede ser que simplemente su esposo le cedió el lugar de cabeza, no quiso asumirlo, por irresponsabilidad o por que repite el modelo de su padre, un padre que no era líder en su hogar y trasmitió, o enseñó este patrón distorsionado a sus hijos varones.

Cualquiera que sea el caso, esto está en contra del orden establecido por Dios para la familia y como vimos, esto expone a la familia y a sus integrantes al peligro, al caos, a la disfunción y por último al fracaso. Hay excepciones, cuando la mujer ha quedado viuda o falta la figura del padre por algún motivo; en este caso, ella debe ser líder para sus hijos, estableciendo las normas para la familia y poniendo siempre a Cristo como su Cobertura, y sujetándose a las autoridades que Dios ha puesto para ella. (Padres, pastores, consejeros).

4.4. ¿Qué pasa con los hijos, cuando el hombre no ejerce su liderazgo sabiamente?

Los hijos serán los más afectados, pues tendrán un modelo erróneo de familia. Cuando la mujer toma el lugar de cabeza y pisotea la autoridad del varón, o cuando el varón cae en un liderazgo opresivo y violento; entonces vemos en estos casos, que cuando la mujer usurpa el lugar del esposo, le está diciendo a su hija: "esto es lo que harás con tu marido". Y al hijo: "eres un débil, las mujeres tenemos el control". O en el caso de un mal liderazgo, por parte del padre, dejará heridas en los hijos, y creará resentimiento y rechazo a la autoridad.

Todos estos ejemplos distorsionados, traerán un **desequilibrio en la identidad del niño o de la niña o de los adolescentes;** y por lo tanto pueden repetir los patrones o sencillamente **perder su identidad sexual** y caer en el homosexualismo o lesbianismo.

La niña rechazará a los hombres y se inclinará por su mismo sexo, y los niños temerán o rechazarán el sexo contrario, inclinándose a su mismo sexo, o a querer repetir el modelo y tomar la identidad sexual de aquel que según el niño, tiene el control y el liderazgo en su hogar. Ya sea por rechazo o por admiración de sus modelos: "padre y madre", los hijos adoptaran una posición en su identidad sexual, y patrones de vida. Cuando estos padres no han seguido el orden divino: "que el hombre es cabeza en un hogar, o de ejercer un liderazgo sano y con sabiduría"; los hijos perderán su propia identidad sexual con la cual Dios los creo. O sino la pierden, vendrán al matrimonio con comportamientos y modelos erróneos o con heridas que no les permitirá una sana relación con su cónyuge.

Enseñar a nuestros hijos **el orden en la autoridad y la sujeción a ella**, **será un fundamento** sólido que estaremos poniendo en las vidas de nuestros hijos. Esto los ayudará en todas las áreas y etapas de su vida adulta.

5. DEBERES Y FUNCIONES DEL HOMBRE EN LA FAMILIA:

Proverbios 18:22: El que halla ESPOSA halla el bien, y alcanza la benevolencia de Jehová.

Ante todo, el hombre debe entender la gran bendición que él tiene cuando halla a su esposa, cuando forma una familia. En la sociedad a veces se dice, que el hombre que se casa y tiene su esposa, perdió su "libertad", se echó la soga al cuello, que está en desventaja de los solteros. Pero según la Palabra de Dios, esto es al contrario, el hombre que halla esposa, es bendecido por Dios, y tiene muchas más ventajas que un hombre que se encuentra soltero.

Los beneficios que tiene el hombre al casarse son muchos, Dios muy sabiamente dijo: "No es bueno que el hombre esté solo". El relacionarnos con alguien del sexo opuesto y vivir juntos, el compartir nuestras ideas, gustos, tiempo, hacer planes juntos, tener quien te escuche y te diga su opinión, alguien a quien cuidar y que te cuide, alguien que te anime y te ayude a crecer en todas las áreas de tu vida, eso y mucho más ofrece la vida en pareja.

También es muy interesante ver, como nos vamos complementando; pues en las áreas que yo soy débil, casi siempre mi cónyuge es fuerte. Y en las áreas que yo soy fuerte, a veces mi cónyuge es débil. Esto nos trae un balance, además, si somos cristianos, podemos ser más efectivos en el ministerio y cumplir juntos los propósitos de Dios.

5.1. Ser Cabeza, Modelo y Buen Ejemplo: Efesios 5:23: porque el MARIDO es cabeza de la mujer, así como Cristo es cabeza de la iglesia, la cual es su cuerpo, y él es su Salvador.

Acerca de esto ya hemos hablado, Dios lo estipulo de este modo en su Palabra, el hombre es el líder de la familia. Pero recordemos, que debe **ejercer su liderazgo, en sabiduría, equilibrio y amor**.

Parte de las funciones de ser cabeza, es ser modelo y buen ejemplo para seguir. De nada servirá que solo tú hables, enseñes y ordenes, pero nunca tu esposa y tus hijos te ven practicando lo que enseñas. He escuchado decir, que el ejemplo, el hacer, vale más que las palabras. Si tú vives y prácticas lo que quieres enseñar, los que te rodean, te imitaran y aprenderán más rápidamente. Por lo tanto es importante que reflexiones y examines que clase de cabeza, de líder estás siendo en tu hogar, que estás enseñando con tu ejemplo a tus hijos, que valores estás formando en ellos. Recuerda que ellos imitarán tu ejemplo, tú eres su modelo a seguir y esto es una gran responsabilidad.

Te daré un buen consejo, si quieres ser un buen padre, un buen líder, "sé un buen hijo de Dios". Estudia la vida de Jesús, es nuestro mayor ejemplo de Hombre, que estuvo bajo la autoridad de su Padre Dios, que **practicaba lo que enseñaba**, y es nuestro mayor ejemplo de amor. Amó, hasta dar su vida por toda la raza humana. **El amor de un buen padre, que es cabeza de su hogar, debe ser un amor sacrificial, como lo fue el amor de Jesús.**

Jesús enseñó el amor que se manifiesta con hechos, no solamente con palabras. Podrás ser un ejemplo digno de imitar para tus hijos, cuando tienes como base de tu caminar diario, "el amor", así estas dando el mejor ejemplo y serás un buen modelo a seguir.

5.2. Amar A Su Esposa:

Efesios 5:33: Por lo demás, cada uno de vosotros ame también a su mujer como a sí mismo;

Efesios 5:25: Maridos, amad a vuestras mujeres, así como CRISTO amó a la IGLESIA, Y se entregó a sí mismo por ella.

Efesios 5:29: Porque nadie aborreció jamás a su propia carne, sino que la sustenta Y la cuida, como también CRISTO a LA IGLESIA,

1 Pedro 3:7: Vosotros, maridos, igualmente, vivid con ellas sabiamente, dando honor a la mujer como a vaso más frágil, y como a coherederas de la gracia de la vida, para que vuestras oraciones no tengan estorbo.

Esto es algo de lo cual muchas mujeres se quejan: "mi marido no me ama, no es afectuoso, no es detallista, no me ayuda en la casa, no me valora". Muchas mujeres se sienten usadas, pero no realmente amadas.

Hombre, dile a tu esposa que la amas, a cualquier hora del día, dale un abrazo, un beso, un regalo, flores, chocolatines, etc. Pregúntale que quiere, que necesita, como la puedes ayudar en la casa, lavando platos, cocinándole o invitándola a comer a un buen sitio, ayudando con los niños. Esposo, sé sensible a las necesidades de tu esposa; todo lo anterior la mujer lo asimila como muestras de amor. Muchas veces la mujer cuando no se siente amada, solo calla y guarda las cosas en su corazón, esto comenzará a dañar tu relación de pareja.

Esposo, dile a tu esposa que la amas y **demuéstraselo con hechos. No la trates bien solamente cuando quieras "tener sexo" con ella. Tu esposa valorará mucho tus actos de amor y estará más dispuesta y apasionada para el acto sexual**.

Sobre todo procura tener muy **buena comunicación con tu esposa**, la mujer se sentirá amada cuando la escuchas, puede que a ti te parezca que ella habla demasiado, lo cual es muy normal en la mujer; pero demuestra tu amor, escuchándola. No le hagas sentir que sus ideas, que sus apreciaciones o que sus emociones no te interesan. Dios le ha dado a la esposa un discernimiento muy especial para cuidar de su esposo y sus hijos. Cuando tu esposa te esté dando un consejo, sé sabio y escúchala, puede ser que Dios te está queriendo decir algo a través de ella.

Hablando acerca de éste tema, el por qué las mujeres en general, hablan más que los hombres, tuve un buena respuesta, o mejor una buena pregunta para los hombres. Dime, si tú comprarás una computadora de alta tecnología, capaz de hablar y te dijeran en el catálogo que te ayudará a resolver problemas muy difíciles, que te dará instrucciones muy precisas y pertinentes; pero llegas a la casa con tu nueva computadora y resulta que esta computadora, no hace nada, no habla como se suponía y por supuesto no te está ayudando a resolver ningún problema. Te quedarías tranquilo y diciendo: "mejor que no hable". No, por supuesto que no, te pondrías enojado y pensando que te robaron tu dinero, que te engañaron con esa compra.

Bueno, mi querido amigo, Dios te prometió una ayuda idónea, una mujer que habla lo suficiente, como para darte unas buenas ideas o advertencias; entonces escucha a tu ayuda idónea, ella sí que es una excelente interlocutora, o diseño de Dios de alta tecnología, además, ama el dar consejos, para eso fue preparada o programada, por su Creador.

Tomen decisiones juntos, que tu esposa se dé cuenta de los planes, no importa si ya tomaste una decisión, y crees que es la correcta; pero consulta con tu esposa, ella te dará otro punto de vista. **Dios te dio en ella, una ayuda idónea. Usa esa ayuda que Dios te dio**, para que ore por ti y tomen decisiones en unidad, acorde a la Palabra.

Cuando la has ofendido con tus palabras o con hechos, lo primero que debes hacer es **reconocer que la heriste, pedirle perdón;** no dejes que el corazón de tu esposa se llene de heridas causadas por ti. La mujer, dice la Biblia, es como un vaso frágil, si un vaso de cristal, lo tiras, no lo sabes coger bien, se le harán grietas, hasta llegar a romperse.

¿Cómo estás tratando a tu esposa? ¿Con amor, como vaso frágil, o le estás haciendo grietas en su corazón?

El amor que Dios te pide para tu esposa, es el amor con que Cristo amó a la Iglesia, ese es un amor que no piensa solamente en su bienestar, no es un amor egoísta, es un amor que da y desea lo mejor para el otro. Es el amor de **1Corintios 13: 4-7 El amor es sufrido, es benigno; el amor no tiene envidia, el amor no es jactancioso, no se envanece; no hace nada indebido, no busca lo suyo, no se irrita, no guarda rencor; no se goza de la injusticia, mas se goza de la verdad. Todo lo sufre, todo lo cree, todo lo espera, todo lo soporta.**

He leído y escuchado en estudios acerca del matrimonio, que uno de los propósitos del matrimonio es *morir a nosotros mismos y formar a Cristo en nuestras vidas.* Enseñarnos a amar a nuestro cónyuge con un amor que se sacrifica por el otro, Jesús dio su vida por la Iglesia, murió para salvarla. ¿Crees tú que estás amando a tu esposa con éste tipo de amor? Definitivamente la base de un matrimonio es ése tipo de amor; además si amas a tu esposa, te amas a ti mismo, pues según Dios, tu esposa y tú son como uno solo. Si aborreces a tu esposa, si la maltratas, te estas dañando a ti mismo.

Para que un hombre pueda amar con éste amor, debe haber entregado su vida a Cristo. Si amas a Dios, te amarás a tí mismo y amarás a tu prójimo. **Entregar tu vida a Cristo, es reconocer que Jesucristo murió en la cruz por tus pecados, pedirle perdón, que entre en tu corazón y aceptarle como Señor y Salvador de tu vida**; debes decir esto con tus propios labios. Dios te escuchará y te hará una nueva persona, te ayudará a cambiar, esto es un proceso, y el progreso dependerá de tu búsqueda y rendición a Dios.

Otra cosa que no deben olvidar, cuando un hombre cristiano, no está dando honor a la mujer como a vaso frágil, dice la Biblia que las oraciones son estorbadas; o sea que Dios no podrá contestar tus oraciones. Líderes que no están cumpliendo este deber de amar a sus mujeres y tratarlas bien, no podrán ser efectivos en el ministerio, pues sus oraciones son estorbadas.

5.3. Edificar y Formar A Su Esposa:

Efesios 5:25-27 Maridos, amad a vuestras mujeres, así como Cristo amó a la iglesia, y se entregó a sí mismo por ella, para santificarla, habiéndola purificado en el lavamiento del agua por la palabra, a fin de presentársela a sí mismo, una iglesia gloriosa, que no tuviese mancha ni arruga ni cosa semejante, sino que fuese santa y sin mancha.

Cristo se entregó a sí mismo para salvar y santificar a la iglesia, un esposo debe ayudar en el crecimiento espiritual de la esposa, orando por ella, enseñándole la Palabra. Muchos hombres se quejan de sus mujeres, que no son maduras o espirituales; pero déjeme decirle a usted esposo, si su esposa no es la mujer que usted está demandando, es porque **sencillamente usted no está haciendo bien su trabajo de ayudar a su esposa, y presentártela a usted mismo, como la mujer que debe ser, como la esposa que tú deseas.** Eso es exactamente lo que hace Cristo con la iglesia, la purifica, la lava para presentársela a sí mismo como una iglesia gloriosa, sin arruga, santa y sin mancha. Y esto es, lo que te dice la Palabra que debes hacer con tu esposa. **Deben orar juntos, estudiar la Biblia juntos, leer libros que los edifiquen. Ora para que Dios te muestre en qué áreas tu esposa necesita más edificación.**

Si tu esposa trae heridas de su pasado, tú puedes ser usado por Dios para sanar su corazón, en lugar de hacerle más daño. Alguien me conto de una mujer que había sido oprimida por su padre, y vio un mal ejemplo de él, luego se casó y su esposo, también siguió maltratándola, como resultado esta mujer lo abandono, y lo peor se volvió lesbiana. No estoy excusando su conducta, pero en cierta manera su esposo la empujo a eso; pues para ella los hombres eran sinónimo de dolor y maltrato. Como también puede darse el caso contrario; hombres que vienen con heridas profundas por sus madres, y luego, sus esposas acaban de dañar la poca estima del varón, esto puede causar un rechazo al sexo femenino. En ningún de los dos casos estoy excusando esta conducta de pecado, pero si es algo que debemos tener muy en cuenta, y saber sobre el pasado de nuestros cónyuges, para ser, restauradores, pedir sabiduría a Dios como podemos ser un canal para ayudarlos, y no continuar la cadena de maltrato, detrimento, o abuso en las vidas de ellos.

Hombre pregúntate: ¿Qué heridas tiene mi esposa del pasado? ¿Cómo puedo ayudarla a ser sana, restaurada? ¿Qué necesita mi esposa aprender a nivel espiritual o en cualquier otra área? Si no cocina bien, págale un curso de culinaria o cómprale revistas de cocina o sí tienes medios económicos, paga a alguien que cocine en tu casa.

No la juzgues, no la dañes con tus palabras, no hables mal de ella, **ayúdala, éste es tu trabajo y tú serás el primer beneficiado con esto. Tu esposa te devolverá con amor, respeto hacia ti, admiración y agradecimiento todo lo que hagas por ella, y por ende tus hijos serán bendecidos con una madre sana en sus emociones, y fuerte espiritualmente.**

5.4. Ser Fiel:

1 Timoteo 3:2: Pero es necesario que el obispo sea irreprensible, marido de una sola mujer, sobrio, prudente, decoroso, hospedador, apto para enseñar;

Hebreos 13:4: Honroso sea en todos el matrimonio, y el lecho sin mancilla; pero a los fornicarios y a los adúlteros los juzgará Dios.

Uno de los deberes o mandamientos más importantes en el matrimonio es la **fidelidad.** Esto no da lugar a mucha explicación, pues es algo entendible, dice marido de una sola mujer, también advierte que a los adúlteros los juzgara Dios. Como hablamos al principio, no es solamente el hecho de tener relaciones con otras mujeres, es también el hecho de codiciar a otras mujeres, de ver pornografía. **Dios demanda total fidelidad y para esto necesitas la ayuda del Espíritu Santo, el fruto de la templanza o el dominio propio.**

Gálatas 5:22-23 Mas el fruto del Espíritu es amor, gozo, paz, paciencia, benignidad, bondad, fe, mansedumbre, <u>templanza</u>...

Los hombres son muy visuales y justo están expuestos a toda tentación cada día, y de muchas formas. **Pero ser fiel, no es imposible. No hay ninguna excusa para la infidelidad, sólo basta que clames a Dios y busques la llenura del Espíritu Santo y que el fruto de la templanza crezca en ti.** Podrás voltear tus ojos y no mirar, lo que no debes, cerrar una página de internet, podrás decir no, ante una mala propuesta, podrás ser fiel a tu esposa aun con tus pensamientos. Solamente por haber decidido ser fiel y clamar a Dios por tu santificación y templanza, Dios se encargara de guardarte sin caída.

Judas 1:24-25 Y a aquel que es poderoso para guardaros sin caída, y presentaros sin mancha delante de su gloria con gran alegría, al único y sabio Dios, nuestro Salvador, sea gloria y majestad, imperio y potencia, ahora y por todos los siglos. Amén.

Si esta área te está causando mucho problema, debes buscar ayuda urgentemente o consejería de un pastor o líder, para que te ministren y te ayuden en esta batalla, teniendo una cobertura sobre ti, y personas a quienes tú rindas cuentas de cómo está tu vida espiritual, te respalden en oración y consejos sabios, estos serán los primeros pasos para ser libre de cualquier lucha en el área sexual que estés enfrentando, sé sincero y abierto al contar todo, reconocer y pedir perdón a tu esposa, hijos y personas que fueron lastimadas con tu conducta.

Cuando hallas caído o cuando enfrentes una lucha sexual, ora y pídele a Dios que tu esposa pueda perdonarte, y sea sabia para apoyarte en oración, habla con ella sobre ese tema y cómo puede ayudarte. Aunque debes entender que una infidelidad causa mucho dolor, pero si tu arrepentimiento es sincero y demuestras que quieres ayuda para salir de ese pecado, y deseas cambiar de actitud, tu esposa también se dispondrá para perdonarte, ayudarte y no te condenará.

De la sinceridad de tu arrepentimiento y del genuino deseo de salir de este problema, clamando a Dios y siendo sincero con tu esposa, dependerá tu liberación, restauración y victoria en esta lucha que estés enfrentando en el aspecto sexual.

5.5. Sacerdote De La Casa:

"Ahora, pues, si diereis oído a mi voz, y guardareis mi pacto, vosotros seréis mi especial tesoro sobre todos los pueblos; porque mía es toda la tierra. Y vosotros me seréis un reino de sacerdotes, y gente santa. Estas son las palabras que dirás a los hijos de Israel. Entonces vino Moisés, y llamó a los ancianos del pueblo, y expuso en presencia de ellos todas estas palabras que Jehová le había mandado". Éxodo 19:5-7

¿Varón, como te gustaría que tu familia funcionara? ¿Conoces el plan de Dios para tu familia?

Sacerdote: Es una persona escogida por Dios para ser mediador, otra palabra para sacerdote es pontífice o "constructor de puentes". Un Sacerdote ofrece sacrificios por el pueblo y lo bendice. Un Sacerdote mantiene una estrecha relación con su Señor y es líder del pueblo. Dentro del papel de sacerdote hay muchas funciones: "Puente", mediador, intercesor, protector, líder o guía, maestro, siervo, tareas especiales, privilegios y responsabilidades para con Dios, y seguir el orden y estatutos de Dios dentro de la familia, cumpliendo con ciertas funciones importantes para que el hogar funcione de acuerdo al plan establecido en la Biblia y cumpla su función en la sociedad.

El varón padre de familia como sacerdote, **debe conocer a Dios primero**, es decir si soy intermediario, puente, siervo de Dios, es porque conozco a Dios ¿Cómo entonces llevará a toda la familia a conocer a Dios, sí él primeramente no tiene una relación personal con Él. Por ignorancia de la Palabra de Dios, o por tradición, en algunos países funcionan los matriarcados, que no es otra cosa, que un espíritu de engaño, manipulación o jezabélico; donde la mujer ocupa el lugar del varón, y está tarea, de ser sacerdote del hogar se ha dejado a la esposa. "Para disciplinar, para cosas de religión", que se encarguen las mujeres", dicen algunos hombres. Esta es una realidad en muchos de los hogares, pero esta idea o costumbre está en contra del plan divino para el hogar, donde el padre, debe ser el sacerdote de su casa.

5.6. El Varón Como Sacerdote: Ora e Intercede Por Su Familia:

"Y acontecía que habiendo pasado en turno los días del convite, Job enviaba y los santificaba, y se levantaba de mañana y ofrecía holocaustos conforme al número de todos ellos. Porque decía Job: Quizá habrán pecado mis hijos, y habrán blasfemado contra Dios en sus corazones. De esta manera hacía todos los días. Job 1:5

Es un privilegio y un honor traer nuestras oraciones delante de Dios por nuestra familia, esto le agrada a Él y es su voluntad. Dios honra la oración del varón porque **hay una bendición sacerdotal y paternal fluyendo para la familia, solo a través del hombre.** Hay una bendición sacerdotal que fluye cuando los hombres cumplen con este mandato de Dios. La oración de un hombre por su familia es de vital importancia. Es hacer lo que Dios pide en su Palabra, el que hace que un fluir de bendición comience a derramarse para toda la familia.

Jesús como nuestro gran sumo Sacerdote está haciendo que la bendición fluya de parte de Dios para nosotros.

¿Qué necesidades tiene tu familia, ¿qué situaciones difíciles se están presentando?, ¿qué necesita tu esposa? ¿Qué debes clamar ante Dios por tus hijos? Bueno, tú eres el sacerdote de tu hogar, ese es tu trabajo y con la ayuda del Espíritu Santo y la gracia del Señor Jesucristo podrás hacerlo, **estás ungido para eso y además es tu obligación.**

Pararte ante el trono de la gracia por tu familia, ser un intermediario, un puente entre Dios y los tuyos, es un gran privilegio; y que a través de tu intercesión, tu familia reciba bendición, debe ser tu anhelo y mayor satisfacción.

5.7. El Hombre Como Sacerdote Bendice A Su Familia:

"Y Dios los bendijo, diciendo: Fructificad y multiplicaos, y llenad las aguas en los mares, y multiplíquense las aves en la tierra". Génesis 1:22

"Y Jacob se acercó, y le besó; y olió Isaac el olor de sus vestidos, y le bendijo, diciendo: Mira, el olor de mi hijo, Como el olor del campo que Jehová ha bendecido" Génesis 27:27

Entrando ahora en este tema, déjeme decirle que el hombre que conoce a Dios aprende a bendecir. A bendecir lo que hace, su trabajo, a su familia y **se hace un estilo de vida el estar bendiciendo.** Dios desde la creación no solamente hizo todas las cosas, sino que al final también **dio su bendición para que siguieran su curso normal y cumplieran con su propósito.**

Proverbios 18:21: La muerte y la vida están en poder de la lengua, y el que la ama comerá de sus frutos.

El hombre debe aprender de Dios y conocer la manera de bendecir. Muchas bendiciones las desconocemos por no escudriñar la Palabra. La mayoría de las personas ignoran que en sus bocas está el poder para que las bendiciones les alcance y para hacer que su familia, sus hijos sean bendecidos en esta tierra. El versiculo de Proverbios 18:21 habla por sí solo. Medítalo y escoge que harás con el poder de tu lengua, y lo que hables de acuerdo a la voluntad de Dios, eso vas a ver en tu familia.

Santiago 3:10: De una misma boca proceden bendición y maldición. Hermanos míos, esto no debe ser así.

Lamentablemente muchos padres usan sus bocas para maldecir o hablar mal a su esposa e hijos. Le dicen a sus hijos: "Todo lo dañas, nunca haces nada bien, no llegarás a ninguna parte, eres un fracasado". Y a su esposa le dicen: "Todo lo despilfarras, no eres capaz de hacer nada bien". Hombre ten mucho cuidado de lo que estás hablando a tu esposa y a tus hijos.

El varón como sacerdote de Dios, debe saber que ya ha sido bendecido por Dios y al ser bendecido, él también puede bendecir. Dios le ha dado autoridad al hombre para bendecir a su familia espiritualmente, emocionalmente y económicamente, hablando sobre ellos las promesas de Dios. Este principio de bendición por medio de las palabras, lo usaron para bendecir a sus familias los primeros patriarcas de Israel. Bendecir es decir bien, hablar bien, de alguien o a algo. Y maldecir, es hablar mal, decir palabras destructivas. ¿Qué quieres hablar y decir sobre tu familia?

El varón como sacerdote de su familia, debe aprender a bendecir a su esposa e hijos, de la manera que Dios nos ha enseñado en la Biblia. En Israel, cuando el sacerdote salía del tabernáculo bendecía al pueblo; **por lo tanto, debes cultivar tu vida de oración personal, estar primero con Dios, hablarle, oír su voz, escudriñar y meditar la Palabra, para que luego puedas salir de la Presencia de Dios a bendecir a tu familia.**

Un sacerdote del Dios altísimo bendice, y sabe el poder que hay en obedecer a Dios, de abrir su boca para bendecir y no maldecir. Un varón sensible a la voz de Dios practica la bendición con su boca. Es importante que como sacerdote de tu familia te mantengas bendiciendo a tu esposa e hijos, diciéndoles, hijo: tú serás el mejor estudiante en tu salón de clase, hijo tú llegaras a ser el mejor músico y compondrás hermosas canciones para Dios. Hija tú serás una gran doctora y misionera. Hijos ustedes serán cabeza y no cola, tendrán riquezas para bendecir a otros.

Cada hombre judío, pone las manos sobre la cabeza de sus hijos y los bendice. Podrán notar que los judíos, son grandes empresarios y se destacan en la sociedad en todo lo que hacen; esto viene de la bendición que sus padres hablaron sobre ellos. Este es un principio que Dios enseña. Jesús bendijo a los niños y a la personas. **Bendecir es un principio de fe que comienza en tu boca. Dios te ha capacitado y delegado la responsabilidad de bendecir a tu esposa y a tus hijos.** Puedes decirle a tu esposa: "serás la mejor vendedora de tu empresa. Mi querida esposa, tu negocio prosperará hasta que sobre y abunde, esposa mía eres una mujer sabia, eres la mejor esposa, la mejor madre".

No pierdas esta costumbre o mejor dicho, cumple con este mandato de bendecir. Al cumplir con el privilegio que Dios te ha dado, al hablar palabras de bendición a tu esposa e hijos, tú serás el primero en beneficiarte, pues verás a tu familia creciendo y desarrollándose fuerte y cada uno cumplirá el propósito que tiene Dios con ellos, pídele a Dios que te muestre qué planes tiene él con tus hijos, y con tu boca bendícelos, alineados con la voluntad de Dios para ellos. Como padre, tienes ese privilegio de instruir, educar, formar a tus hijos, la Palabra dice: "Instruye al niño en su camino"… Pero lamentablemente muchos padres, no instruyen, sino que destruyen. ¿Qué quieres hacer tú con tus hijos? En tu boca está el poder para instruir, bendecir o para destruir.

Apreciado varón, más que un deber o una responsabilidad, **es un honor ser el sacerdote de tu casa.** El padre de familia como sacerdote, debe tener a diario una reunión para orar con su esposa e hijos, levantar en el **hogar un altar familiar para Dios**. Debes pedir ayuda al Espíritu Santo y ser creativo, para hacer el altar familiar y que sea acorde a las edades de tus hijos, donde tú puedas enseñarles la Palabra de Dios, que ellos la aprendan, mediten, memoricen y darles instrucción para el diario vivir. Conoce a tus hijos, sus inquietudes, problemas, que ellos tengan confianza de contarte a ti sus cosas, y puedan orar juntos por las soluciones. El altar familiar deber ser un tiempo sagrado, especial, **donde se respire la presencia de Dios, adoren juntos, y tus hijos reciban bendición**. No un lugar donde ellos se aburran, lo tomen a juego, o mucho menos un espacio donde se sientan condenados, acusados, oprimidos. Que sea un espacio para la instrucción en amor, la libertad, la buena comunicación y el gozo.

5.8. Gobernar Bien Su Casa:

1 Timoteo 3:4-5: que gobierne bien su casa, que tenga a sus hijos en sujeción con toda honestidad (pues el que no sabe gobernar su propia casa, ¿cómo cuidará de la iglesia de Dios?)

Tito 1:6: el que fuere irreprensible, marido de una sola mujer, y tenga hijos creyentes que no estén acusados de disolución ni de rebeldía.

Estos versículos son muy precisos en indicar que el hombre debe gobernar bien su casa. Gobernar es administrar, vigilar, ordenar, dirigir, enseñar, instruir, influenciar, poner normas y límites, poner fundamento sólido; se refiere a que el padre debe haber puesto la Palabra de Dios como fundamento del hogar. Debes poner límites a tus hijos, y que ellos no sean los que gobiernen o tengan sus propias normas en el hogar. Debes hablar con claridad sobre la conducta que esperas de tus hijos, sobre los horarios y deberes de ellos en el hogar, en el colegio, en sitios públicos, y también el comportamiento y normas que deben tener con los familiares y amistades. Enseña a tus hijos a respetar, a ser amable, educado; pero recuerda que tú debes empezar por dar el ejemplo de esto, que estás pidiendo que ellos hagan.

Aplica la disciplina a tus hijos con equilibrio, sabiduría y amor, pero con firmeza. **Muchos padres son muy flexibles o inconstantes con las reglas que han puesto en sus casas.** Si los hijos ven que los padres no son firmes y constantes, con lo que han establecido como norma en la casa, ellos comenzarán a perder el respeto a la autoridad de su padre y saltarán las normas establecidas, pues ven que su padre no es puntual y perseverante con lo que él estableció. También, si los hijos no ven unidad y apoyo mutuo entre los padres, por ejemplo, si el padre da una orden para el bienestar y orden de la familia, pero la esposa no colabora en apoyar a su esposo, sino que deja a los hijos hacer lo contrario; los hijos aprovecharan esto, para no obedecer las órdenes del padre. Por lo tanto el hombre debe procurar al máximo la unidad con su esposa y el acuerdo, para lograr la estabilidad y orden en la familia, y así no perder autoridad ante sus hijos. **Lo que el padre dice, debe hacerse y cumplirse y la madre debe apoyar a su esposo.**

Las normas, responsabilidades y disciplina estarán basadas en la Palabra, según las edades de los hijos, en acuerdo con la esposa, y que a los hijos les quede todo bien informado y preciso. Cuando los hijos ven orden y disciplina en sus casas, esto les dará seguridad y estabilidad en todas las áreas de sus vidas, y de gran provecho, fundamento y formación para su futuro.

Los padres no pueden sobrepasar su autoridad y exasperar a sus hijos, pues al irse a extremos estarán socavando la estima de sus hijos, y los están provocando a ira y rebeldía.

Colosenses 3:21: Padres, no exasperéis a vuestros hijos, para que no se desalienten.
Desaliento: apocamiento, desmoralización, tristeza, depresión, postración, desfallecimiento, flaqueza, quebranto, abatimiento, apatía, descorazonamiento.

Padre, ¿leíste bien los sinónimos de desaliento? Vuelve a leer cada palabra y mira la gravedad de lo que puede ocurrir, lo que haces con la vida de ellos, cuando tú estás exasperando (irritando, desesperando) a tus hijos.

Efesios 6:4: Y vosotros, padres, no provoquéis a ira a vuestros hijos, sino criadlos en disciplina y amonestación del Señor.

Creo que los versículos anteriores están bien explicados, la palabra exasperar significa causar gran enojo, enfado, irritar a alguien. A veces los padres no son sabios en aplicar disciplinas o poner normas. Voy a contarles la siguiente historia, una adolescente, tenía una linda amistad con una amiga de su colegio, su madre pensó mal y le dijo a la chica, que si le estaban gustando las mujeres, y pronunció estas palabras: "Te has vuelto lesbiana". Esto hirió en gran manera el corazón de aquella jovencita; entonces comenzó a hablar y a salir con un chico, para que su mamá no pensara mal de ella, pero luego la mamá le dijo, que si estaba en malos pasos con este jovencito. La chica explotó en ira contra su madre, era lógico, la madre la provocó a furia, la hija simplemente se desalentó, se enfureció por las palabras de desconfianza de su madre hacia a ella. No sabía qué hacer, pues para su mamá todo lo que hacía estaba mal y la hija se sentía juzgada y no amada. La situación de esta joven llegó al extremo de perderle el sentido a la vida, no querer vivir y contemplar el suicidio como un escape. Gracias a una interversión directa de Dios mostrándole su amor, en una noche en que ella estaba desesperada clamó a Dios por ayuda, y de una manera sobrenatural, Dios le hizo sentir su amor, esto le trajo esperanza y deseos de vivir. Pero después siguió luchando con temores, depresiones severas. Hasta que Dios en un proceso de sanidad, le fue haciendo libre de todo este daño, que su madre, sin querer le había causado. Aquí en este hogar el padre estaba en una condición pasiva, no se daba ni por enterado, acerca de lo que estaba pasando entre la relación de madre e hija. El padre estaba en su propio mundo, y también ejercía una autoridad de violencia, pero nunca de dialogo, ni amor.

Otra cosa importante es que los padres nunca deben hacer preferencias con sus hijos, esto daña el corazón de ellos y crea división, rivalidad y celo entre los hermanos.

También debes ganar la confianza de tus hijas e hijos, pregúntales cómo se sienten, como les va en el colegio, universidad, cuáles son sus mejores amigos, que ellos tengan la libertad de invitar a sus compañeros a la casa.

Que un verdadero dialogo, donde la confianza y libre expresión pueda darse por parte de tus hijos hacia ti, debe ser tu objetivo y mayor logro; que ellos pueden verte como consejero, no como juez acusador. No los estés condenando ni quebrantando su voluntad y personalidad. **Aprende de Dios Padre, él nos ama, nos enseña el**

Camino, nos ha dado mandamientos, normas de vida, pero nos ha dado libre albedrio; y también disciplina y corrige en amor, para restauración, no para destrucción o desaliento. ¿Quieres ser un buen padre y saber gobernar tu casa? Entonces, aprende de Dios Padre.

El otro extremo seria no decirles nada, no disciplinarlos, no estorbarlos al darte cuenta que tus hijos andan en cosas indebidas, o están comportándose inadecuadamente.

Proverbios 13:24: El que detiene el castigo, a su hijo aborrece; más el que lo ama, desde temprano lo corrige.

Proverbios 29:17: Corrige a tu hijo, y te dará descanso, y dará alegría a tu alma.

Proverbios 19:18: Castiga a tu hijo en tanto que hay esperanza; más no se apresure tu alma para destruirlo.

Creo que el anterior versiculo, **da equilibrio a lo que debe ser la crianza de los hijos.** Disciplinarlos, poner normas, mientras hay esperanza, mientras pueden ser corregidos; pero también es muy enfático en no apresurarnos a castigarlos, a juzgarlos o no ser prudente en nuestras palabras para con ellos; sino lastimarlos y desesperarlos hasta destruirlos.

La Biblia habla de la varita, una reglita de madera, para dar un par de varitas en la colita, pero no se hará con ira, ni para dejar marcas y esta corrección es para los niños pequeños, para los grandecitos hay otro tipo de corrección, como quitarles algo que les guste o suprimirles por un tiempo algún privilegio que ellos tengan. La forma de disciplina, es algo interno de cada hogar y según las edades de los niños o jovencitos. **Las normas deben ser establecidas en acuerdo de los padres, explicadas a los hijos y se deben cumplir, deben ser constantes. Nunca castiguen con ira a sus hijos, no infrinjan castigos violentos**. Recuerden todo extremo es malo. Hace poco escuche en la televisión, que un padre golpeó violentamente a su hijita de 7 años, hasta matarla, debido a que la niña había sacado malas notas en la escuela. Esto es un horror, una barbarie, una insensatez muy grande, sencillamente no tiene nombre, es una absoluta crueldad, esto NO es disciplina o corrección, sencillamente es un asesinato. Por favor padres, nunca llegue a la violencia con sus hijos, **la Biblia habla de corrección, castigo, disciplina, no de violencia, maltrato o crimen.**

Puedes hacer de tus hijos unos rebeldes, puedes destruir su capacidad de crear, de soñar, de volar, de ser una persona autónoma, sí estás imponiendo a toda hora tu forma de pensar o la forma en que tú fuiste criado y no aplicas la Palabra de Dios sabiamente; luego cosecharás los malos frutos, que tú sembraste en ellos. Dios es nuestro Creador y Él nos ama, pero igualmente nos dio libre albedrio. Nos dejó el camino angosto para seguirlo, nos muestra el Camino en Jesucristo, pero el hombre decide.

Debes ser sumamente sabio en la forma que instruyes, aconsejas y disciplinas a tus hijos. Pide sabiduría a Dios para esto, lo necesitas con urgencia, pues no es un trabajo fácil el que tienes por hacer o el que ya estás haciendo; pero con Dios, con su ayuda, tendrás el equilibrio y sabiduría que necesitas. **Si te has equivocado con tus hijos, pídeles perdón, sana sus corazones y vuelve a empezar con la ayuda de la Palabra y del Espíritu Santo, si es muy grave la situación busca ayuda en consejeros familiares, en personas cristianas con experiencia en la educación y formación de niños o jóvenes.**

Hay excelentes libros que ayudarán en tu labor basados en la Palabra de Dios, que te darán orientación en tu importante trabajo como padre. Pues déjame decirte que tener y educar hijos, no es una responsabilidad menor, es una de las más notables labores que Dios le ha dado al ser humano; **padres, Dios ha encomendado vidas humanas en tus manos y tendrás que responder por ellas.**

Los hijos son para que los lances como saetas o flechas, al destino que Dios tiene para ellos, pero si no tensan bien el "arco de la disciplina", si lo dejan flojo, o sea una disciplina flexible, o en el caso contrario, un arco con una cuerda muy estirada, casi al punto de reventarse, siendo este caso, una disciplina violenta y castrante. Al estar en cualquiera de estos dos extremos, están fallando en el afinamiento del arco, y esas flechas que son sus hijos, se podrán desviar de los planes que Dios tiene para con ellos.

Salmo 127: 4. Como flechas en las manos del guerrero son los hijos de la juventud.

A este punto mi pregunta para ti querido padre es: ¿Cómo estás gobernando tu casa? ¿Tu arco de la disciplina está bien equilibrado para lanzar correctamente las flechas?

Unas últimas recomendaciones para que recuerdes son: cada niño o niña es diferente, al igual que cada joven o jovencita. Cada etapa de sus vidas es distinta y ellos tienen procesos que debes comprender, y con la ayuda de Dios guiarlos, instruirlos y disciplinarlos con el equilibrio que habla la Palabra, "corrige a tu hijo, desde temprano, pero no te apresures a desesperarlo o destruirlo". Pro.19:18.

Queridos padres, una palabra de esperanza y confianza: si ustedes han criado e instruido a sus hijos en el camino del Señor, simplemente **deben confiar en que la Palabra no vuelve vacía, ore por ellos y esté seguro, que ellos están en las manos de Dios**. **Si sus hijos tienen a Jesús como centro de sus vidas, no se apartarán del buen Camino**; y más que sus hijos, ellos son primeramente hijos de Dios.

Ustedes están cuidando esa herencia que Él les dio, la cual son sus hijos; pero háganlo sabiamente. No se vayan a extremos, el mejor ayudador para todos nosotros es el Espíritu Santo, **pídanle sabiduría a Dios, para tratar con cada uno de tus hijos en particular**, pues cada uno de ellos es diferente, con caracteres particulares y deben respetar esto. Pide ayuda al Espíritu Santo, de cómo encausar a sus hijos en el conocimiento de Dios y una relación personal con Él; y descubrir y ayudar a desarrollar los talentos y llamados que Dios ha puesto en ellos.

Salmo 127:2 Los hijos son una herencia del SEÑOR,... (Traducción Nueva Versión Internacional)

Dios desea ayudarte, Él ha dejado el "Manual de Instrucción", la Biblia; y está siempre presto a escucharte, cuando clames por ayuda en esta valiosa, inigualable, preciosa, única, y gran labor o misión que Él te ha encomendado: Ser padre y gobernar bien tu casa.

Que tú busques a Dios por ayuda y que nunca desmayes, ni te desanimes o desvíes en tu labor, es mi oración y mayor deseo para ti, valiente y sabio guerrero que lanzará sus flechas muy alto, con su arco bien tensado.

5.9. El Padre Proveedor En El Hogar:

1 Timoteo 5:8: porque si alguno no provee para los suyos, y mayormente para los de su casa, ha negado la fe, y es peor que un incrédulo.

El hombre debe proveer para su familia, esto es algo normal y lógico. Se supone que cuando un hombre y una mujer deciden formar una familia, deben de planear la manera que vivirán y sostendrán su hogar. **Puede decirse que la mayor responsabilidad de sostener la familia y proveer para las necesidades del hogar recae en el hombre**, pues Dios le habló a Adán de trabajar la tierra con sudor y esfuerzo, y a la mujer le dijo de dar a luz sus hijos con dolor; todo esto paso después de la caída, aunque antes de la caída, ya Dios les había hablado de cuidar la tierra, de señorear sobre todo lo creado, alimentarse y multiplicarse, esto significaba trabajar. El trabajo dignifica, no es un castigo, como algunos piensan.

Algo muy importante para recordar, es que Dios, descanso el último día. Hay padres que se vuelven adictos al trabajo y descuidan la familia poniendo en primer lugar el trabajo. **Aplica el equilibrio también en esta área, provee para tu hogar, pero no sacrifiques el tiempo de tu familia por el trabajo.** Muchos hombres trabajan y trabajan, según ellos en pro de la familia, pero al final se quedan sin familia.

Se debe enseñar a los niños y niñas a amar el trabajo, a ahorrar, a diezmar, ofrendar y sembrar. Se les puede dar pequeñas tareas en la casa según sus edades, cosas muy sencillas que pueden hacer, como recoger la ropa sucia que se quitan y ponerla en el sitio designado para esto; en fin, los padres sabrán mejor que asignar a los niños y niñas en casa, sin que esto sea un peligro para ellos, todo debe ser muy sencillo y acorde a sus edades. Esta es una forma de enseñarles a usar bien el tiempo y a comenzar a hacer pequeñas labores o responsabilidades, pues este es un hábito que deberán ir asimilando, para luego practicarlo, cuando se enfrenten al mundo laboral. También instruirlos acerca de no gastar todo el dinero, inculcar el hábito del ahorro, de comprar lo necesario, y después viene la diversión o algún gusto que quieran darse.

Es de suma importancia también que ellos aprendan a diezmar desde niños; si los padres hacemos esto con nuestros hijos, de seguro **estamos preparando**

hombres responsables, buenos administradores de sus dineros y posesiones, que serán prósperos financieramente y excelentes proveedores en su hogar. Igualmente ellos serán dadores alegres, para ayudar en la extensión del Reino de Dios.

El padre debe dar ejemplo de proveer para su casa, vemos que la Palabra dice: "un hombre que no provee para su propia casa está negando su fe, y es peor que un incrédulo"; tus hijos aprenderán de tu ejemplo. Da ejemplo de que provees todo lo necesario, que sabes administrar el dinero, que no están gastando más de lo que son sus ingresos, y que ahorras para el futuro. Tengan una contabilidad familiar, un libro donde ustedes anoten sus ingresos y sus egresos semanales o mensuales, guarden recibos y facturas de pagos, pónganse de acuerdo en los gastos que son necesarios y traten de hacer las compras en lugares más favorables y donde puedan economizar. Esto dará orden y estabilidad en sus finanzas y también están enseñando a sus hijos algo muy básico para sus vidas.

En la época actual donde los salarios son muy bajos, se hace necesario que los dos padres trabajen. Estoy de acuerdo en que la mujer puede trabajar y ayudar a su marido en esta parte del sostén económico del hogar, pero **solamente cuando es estrictamente necesario**; de lo contrario sería mejor que ella permaneciera en casa cuidando de los niños, al menos mientras están pequeñitos.

Padre, tú puedes ser el proveedor de tu familia, cuando pones a Dios y su Palabra en primer lugar, y nunca olvidando esto: **Dios es tu proveedor**.

Génesis 22:14: Y llamó Abraham el nombre de aquel lugar, Jehová proveerá. Por tanto se dice hoy: En el monte de Jehová será provisto. 2 Corintios 9:10: Y el que da semilla al que siembra, y pan al que come, proveerá y multiplicará vuestra sementera, y aumentará los frutos de vuestra justicia, Malaquías 3:10: Traed todos los diezmos al alfolí y haya alimento en mi casa; y probadme ahora en esto, dice Jehová de los ejércitos, si no os abriré las ventanas de los cielos, y derramaré sobre vosotros bendición hasta que sobreabunde.

La bendición de Dios y su provisión nunca faltaran, cuando tú seas fiel a él. No olvides nunca honrar a Dios con tus diezmos, ofrendas y siembras; entonces Dios siempre te dará la semilla, te multiplicará y aumentará tu dinero y posesiones.

Querido padre, descansa en Dios, él te dará la salud, solamente trabaja, esfuérzate con tus manos, no seas perezoso o negligente, sé diligente y persistente; no seas altivo, se humilde, grandes empresarios han empezado desde abajo, desde trabajos aparentemente insignificantes. Dios te abrirá puertas para excelentes trabajos o te dará la habilidad para hacer las riquezas. **Deuteronomio 8:18: Sino acuérdate de Jehová tu Dios, porque él te da el poder para hacer las riquezas, a fin de confirmar su pacto que juró a tus padres, como en este día.**

Una verdad que debes recordar: **tú eres, sólo administrador de todo el dinero o posesiones, que Dios te ha permitido tener o que tendrás.**

Debes ser fiel en administrar las riquezas de Dios y también nunca te olvides, que Dios te bendice para que tú seas de bendición a otros que lo necesitan: al huérfano, al pobre a la viuda, pero por supuesto **supliendo para tu hogar primeramente y después para los de afuera.**

> **1 Corintios 4:2: Ahora bien, se requiere de los administradores, que cada uno sea hallado fiel.**

> **Génesis 12: 2...y te bendeciré, y engrandeceré tu nombre, y serás bendición.**

> **Deuteronomio 10:18: que hace justicia al huérfano y a la viuda; que ama también al extranjero dándole pan y vestido.**

Pide a Dios, que Él, edifique tu casa. **Que Dios siempre sea el "Cimiento Fuerte" de tu Hogar. Salmos 127:1:** Si **Jehová no edificare la CASA, en vano trabajan los que la edifican; Si Jehová no guardare la ciudad, en vano vela la guardia.**

Querido amigo, espero que tú seas un hombre nacido de nuevo, y que Jesús sea tu Salvador y Señor y estés bajo su autoridad, que él sea tu Cabeza y así podrás ser el esposo y padre que Dios requiere de ti. Si no has hecho de Cristo tu Salvador y Señor, y quieres hacerlo ahora, puedes decir con toda sinceridad esta sencilla, pero poderosa oración: Dios, hoy reconozco que he cometido muchos errores, que he pecado contra ti, pues no he obedecido tu Palabra. Pero sé que Tú enviaste a tu Hijo Jesucristo para morir por mis pecados. Jesús recibo tu perdón por todos mis pecados, toma mi vida, limpia mi corazón con tu preciosa sangre, entra a mi corazón y has de mi un hombre nuevo, que yo sea el esposo y el padre que mi familia necesita. Jesús te recibo como mi Señor y Salvador. Amén.

Un consejo muy importante, escribe cinco razones por las cuales decidiste casarte con tu esposa. Y luego escribe todas las cualidades físicas, morales, intelectuales y espirituales de tu esposa, que te enamoraron. Y otra lista de las cosas que quisieras que tu esposa mejorara. Y pregúntale qué clase de ayuda, ella desea que tú le des, para que ella pueda mejorar o cambiar aquellas cosas que están afectando la relación. Compra una buena cena o si eres buen cocinero, prepara algo especial, ponte bien guapo, con tu mejor ropa y loción, compra flores, chocolatines o lo que más le guste a tu esposa y al finalizar la cena comparte estas listas que escribiste y habla con ella en forma amigable. Hagan nuevas metas y propósitos para renovar y profundizar en su relación matrimonial.

Recuerda que de la estabilidad de ustedes dos, como pareja, dependerá una sana y sólida crianza para sus hijos, y un hogar, como una Torre Fuerte para todos, donde los lazos de amor, de unidad, compañerismo, fidelidad, ayuda mutua, servicio, crecimiento espiritual, moral, desarrollo de la personalidad, habilidades, metas personales y familiares compartidas, sean los lineamientos de nuestra familia, y construyan los pilares fuertes de nuestro lugar de refugio, que se llama hogar. Donde sea el lugar que siempre deseemos estar, después de un día de estudio, trabajo, labores, etc., y que el pensar en regresar a casa, sea nuestro refrigerio y anhelo. Y nunca sea una pesadilla o aburrimiento llegar a nuestro hogar. Que sea el lugar donde nos sintamos amados, seguros, valorados, escuchados, protegidos, que cada miembro sienta que es respetado y tomado en cuenta. El hogar debe ser una Torre Fuerte, que nos brinda seguridad, refugio. Y que nunca se convierta en una cárcel o lugar donde somos juzgados, criticados, rechazados, ridiculizados, reprimidos, donde se destruyan los sueños, y no halla libertad de expresión.

De los padres depende el ambiente que se genera en el hogar; un ambiente de paz, alegría, amor, comprensión, confianza, estabilidad, libertad para el sano desarrollo, dentro de normas claramente establecidas. Donde se formen valores, se permita y facilite el desarrollo de las habilidades y talentos naturales. Se reconozca a Dios, como el creador de la familia y se siga el manual de instrucciones que él nos dejó: la Biblia.

Querido padre tu papel de proveedor, no es solamente en el área de dinero y bienes materiales. Debes también proveer todo un ambiente favorable, que permita el desarrollo y crecimiento de tu familia, según el plan de Dios. Proveer literalmente un lugar de resguardo, una Torre Fuerte, que salvaguarde a tu esposa, tus hijos de las adversidades, y a la vez que los prepare para tener las herramientas necesarias para vivir en este mundo, y cumplir sus propósitos para los cuales Dios los creo. No vivimos por vivir o para acumular éxitos, vivimos para cumplir un llamado especial y ser útiles en nuestras familias, la sociedad y las naciones.

LA BENDICIÓN DE SER
ESPOSO Y PADRE

Padre eres el líder de tu familia,
ejerciendo tu liderazgo,
en sabiduría, equilibrio y amor,
como lo manda el Señor.

¿Qué clase de líder estás siendo en tu hogar?
tus hijos aprenderán de tu ejemplo,
tú eres su modelo a seguir,
tú formas los valores que ellos van a vivir.

La Familia Bajo Ataque

Amando a tu esposa, harás feliz a tus hijos,
y les darás la seguridad que ellos necesitan.
Amando, edificando y siendo fiel a tu esposa,
harás de tu mujer, la madre alegre, amorosa
y segura que tus hijos necesitan.
El padre es sacerdote de su casa;
el padre, como sacerdote es un mediador,
un intercesor ante Dios por su familia,
un líder protector, que busca a Dios,
para guiar y enseñar a su familia,
en la Palabra de Dios.

El varón padre de familia, como sacerdote,
debe conocer a Dios primero, para luego, hablarle
de Dios a su familia, y hablar por su familia a Dios.
¿Varón padre de familia, conoces a Dios?
¿Sacerdote de tu casa estás intercediendo ante
Dios, por tu casa?
Padre, eres la puerta de bendición a tu hogar,
tienes la responsabilidad de bendecir con
tus palabras y acciones a tus hijos;
ten cuidado con lo que le dices a tus hijos,
ten cuidado con lo que haces, delante de tus hijos.
Habla palabras que den confianza y seguridad
a tus hijos, habla lo que Dios quiere,
para tus hijos.
Pon el fundamento de la Palabra de Dios
en tu casa,
pídele a Dios sabiduría para tener
tus hijos en sujeción,

La Familia Bajo Ataque

y para saber gobernar bien sobre tu casa.
Haciendo de tu hogar, una Torre Fuerte,
Donde tu familia se desarrolle segura y fuerte.

Querido padre, pide y agradécele a Dios cada día,
por la fuerza y salud para poder trabajar,
y por abrirte puertas y fuente de trabajo
para traer la provisión a tu hogar.
Padre, que bendición que Dios confió en ti,
al entregar en tus manos unos hijos e hijas;
no para que los desesperes, quebrantes o destruyas,
sino para que los ames, críes, guíes y eduques.
Para que te amen, te respeten y
quieran ser como tú,
Para que vean en tí, la imagen de Dios Padre,
Por todo esto, ¡qué bendición que seas esposo y
padre!

Rosaura E. Gaitán Swanson

AGRADECIMIENTOS

Quiero agradecer a Dios, por ser el Creador de la Familia. Por imaginar y haber hecho realidad, la unión de un hombre y una mujer; tan distintos en muchos aspectos, pero tan complementarios el uno al otro.

Poner en sus corazones el Amor y la atracción que hacen posible la unión. Ese amor que nos lleva al sacrificio, a dar lo mejor de nosotros, por el bienestar de nuestro cónyuge.

Y qué decir de los hijos, grandes bendiciones, que son la extensión del amor de los padres. Hijos que son nuestra herencia.

*Agradezco a Dios, por dejar el "Manual de Instrucción", con los consejos y órdenes precisas; que son los fundamentos sólidos, para **construir la TORRE FUERTE, La TORRE SEGURA**, que se llama: **"FAMILIA".***

Y finalmente, por darme un esposo, con el cual estamos construyendo nuestra "Torre Fuerte".

¡Por todo esto, GRACIAS DIOS!

Rosaura Eunice

ACERCA DE LA AUTORA

Nací en Santiago de Cali, soy hija del señor Carlos Fernando Gaitán y la señora Rosaura Muñoz, en un hogar conformado por seis hijas y un hijo. Realicé mis estudios en Cali, Colombia, como educadora, y trabajé por espacio de 15 años en diferentes escuelas y colegios de esta ciudad. Estoy casada con un hombre canadiense.

Publiqué mi primer libro de poemas en el año 2.006. Reconozco que mi talento para escribir y declamar son un regalo de mi Creador. Ahora, Dios ha puesto en mi corazón la urgencia de este "Manual Para Las Familias", el cual deseo, sea de bendición y ayuda, a todo aquel que lea, y ponga en práctica, lo aquí he escrito. No por ser mis palabras, sino porque he tratado de presentarles, **lo que Dios dice en su Palabra**, para los varones.

INFORMACIÓN Y CONTACTO

Nombre de la compañía:

Ministerio: "Desde los Corazones"

Autora: Rosaura Eunice Gaitán de Swanson

Dirección: Cali, Colombia, Sur América

Bloger: http://eunicegaitan.blogspot.com

Email: Shalomeunice1@yahoo.es

Teléfono: 313 727 48 19

Whatsapp: +57 313 727 48 19

Facebook: Rosaura Eunice Swanson

Twitter: @EuniceGaitan